초등 교과 과정 연계

국어 3학년 1학기　8.의견이 있어요
국어 3학년 2학기　9.마음을 읽어요
국어 4학년 1학기　9.생각을 나누어요

두리번 18 #사회성 #소통 #우정

술술 말 잘하는 비결

정복현 글·송진욱 그림

서유재

차례

쌍쌍바의 맛
✦
7

부채와 벼룩시장
✦
18

술술 비결이란
✦
28

첫 번째 성공
✦
38

늘어 가는 실력
✦
53

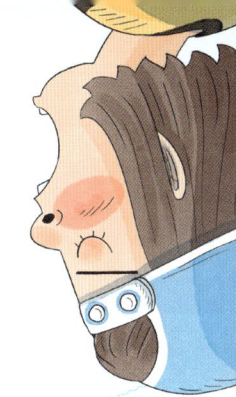

돼지저금통 털기 작전
✦
67

딱 걸렸어
✦
83

이런 배신자
✦
95

말보다 마음
✦
107

글쓴이의 말 • 120

쌍쌍바의 맛

아직 초여름인데도 날씨가 푹푹 쪘다. 체육 시간에 강당에서 피구까지 했더니 온몸에서 땀이 줄줄 흘렀다. 손부채를 하며 교문을 나서는데 내 옆에 바짝 붙어 걷던 우성이가 물었다.

"너 쌍쌍바 먹어 봤어?"

"아니."

"진짜 맛있어. 오늘 같은 날 딱인데."

"무슨 맛인데? 초코? 바닐라?"

"민트랑 초코 두 가지 맛이 한 봉지에 들어 있어. 한 개 값으로 두 개니까 거저나 마찬가지지."

그때 한 무리의 아이들이 길 건너 편의점으로 들어갔다.

"궁금하지? 어떻게 생겼나 보기만 할래?"

우성이가 나긋나긋한 목소리로 유혹했다. 머릿속으로 파바바박, 백만 볼트 전기가 지나갔다. 우성이가 호들갑스러워질 때는 다 이유가 있다. 사 달라는 얘기를 돌려서 하는 거다. 이번에는 넘어가지 말아야지.

"안 궁금한데?"

시침 뚝 떼고 딴 데를 쳐다봤다.

"그럼 시원한 바람이라도 쐬자."

우성이는 아랑곳하지 않고 내 팔을 삽아끌었다. 에어컨 바람은 공짜니까 괜찮다는 우성이의 말에 어물쩍 넘어가 같이 편의점 안으로 들어갔다. 우성이는 거침없이 안쪽 구석에 있는 냉동고 앞으로 직진했다. 그러더니 냉동고 안을 이리저리 뒤져 노란 봉지를 꺼냈다.

"이게 쌍쌍바야."

내 눈앞에 갖다 대고 흔들었다. 침을 꿀꺽 삼키더니 냄새라도 맡아 보라고 했다. 나는 입을 꾹 다물고 고개를 저었다. 우성이는 쌍쌍바를 도로 냉동고에 던져 넣고는 바짝 붙어서 말했다.

"은우야. 너한테 난 하나밖에 없는 친구지?"

틀린 소리는 아니라 고개를 끄덕였다.

우성이는 나랑 호흡이 척척 잘 맞는다. 우리는 짜장과 짬뽕 중에 뭐 먹을래 하면 동시에 짜장을 말하는 사이다. 아마 몇 가지 연달아 말해도 척척 잘 맞을 거다. 우성이는 말을 잘할 뿐만 아니라 우스갯소리도 곧잘 해서 같이 있으면 심심하지 않아 좋다. 하지만 나랑은 달리 한번 고집을 부렸다 하면 들어줄 때까지 포기하지 않는다. 우리 엄마 표현을 빌려 말하자면 고래 힘줄이 따로 없다. 고래 힘줄을 본 적은 없지만 그만큼 질기고 끈질기다는 뜻일 거다.

"너, 용돈 받았지?"

"어? 어떻게 알았어?"

나는 거짓말을 못 한다. 딱 잡아떼야 하는데 그게 잘 안 된다.

"헤헤. 찐친이 되어 가지고 그런 것도 모르겠냐? 냄새가 나거든."

"무슨 냄새? 돈 냄새?"

그런 걸 맡을 수 있다니, 역시 우성이는 능력자다. 개코가 따로 없다.

"난 주말이나 돼야 용돈 받을 수 있어. 다음에는 내가 쏠 테니까 오늘은 네가 좀 써라. 아, 힘들다."

방금 전까지 멀쩡하던 녀석이 어지럽고 기운이 없다며 푹 주저앉아 버렸다. 엄살인 줄 알면서도 마음이 살짝 약해졌다.

"절대 공짜 아니야."

우성이가 불쌍한 표정으로 땅바닥에 앉아 새끼손가락을 들어올렸다.

"알았어. 약속 지켜야 돼."

하는 수 없이 나는 손가락을 걸었다. 늘 이게 문제다. 우성이가 말하면 아니라고 하면서도 깜박 속아 넘어가게 된다. 듣다 보면 다 맞는 말 같고 부탁을 안 들어주면 내가 나쁜 아이가 되는 것 같다. 그런 점에서 우성이는 특별한 능력을 가졌다.

"줘 봐."

맡겨 놓기라도 한 것처럼 우성이가 손을 떡하니 내밀었다.

문득 오늘 아침 엄마랑 한바탕 씨름한 일이 떠올랐다.

"이게 뭐야?"

눈 뜨자마자 엄마가 눈앞에 종이를 바짝 갖다 대며 흔들었다. 빨간 줄이 죽죽 그어진 시험지였다.

어제 6교시에 예고도 없이 사회 단원 평가를 봤다. 배운

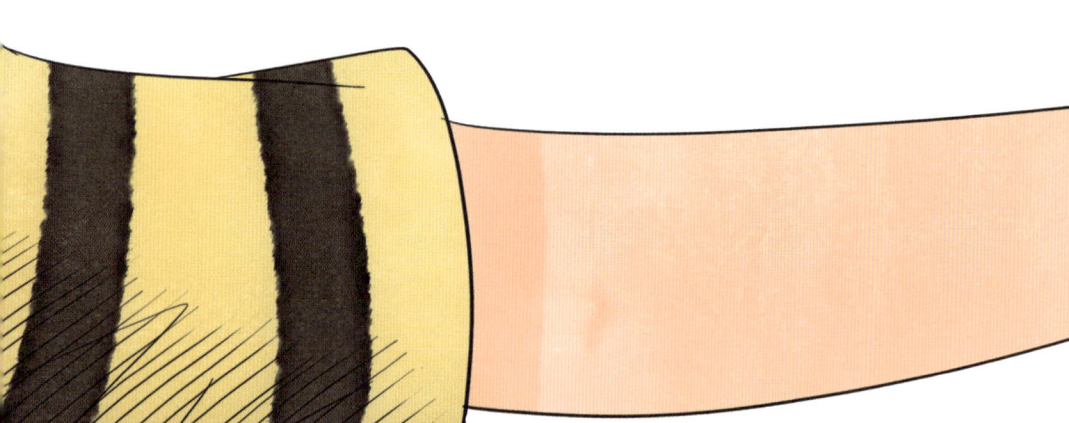

지 한참 되어서 아는 문제보다 모르는 문제가 더 많았다. 별로 중요한 시험도 아니라서 잊고 있었는데 어느 틈에 엄마가 본 모양이었다.

"엄마는 프라이버시도 몰라? 나한테 물어보지도 않고 엄마 맘대로 보면 어떡해?"

나도 이제 어엿한 4학년이다. 허락도 없이 내 가방을 열어 보는 건 아무리 엄마라도 매너가 아니다.

"엄마가 아들 가방 열어 보는 것도 허락받아야 해?"

"당연하지."

"이은우! 너 자꾸 그럴래?"

엄마가 빽 소리를 높였다. 요즘 들어 엄마 잔소리가 부쩍 심해졌다.

"말 한마디에 천 냥 빚을 갚는다고 했어. 말을 잘하면 자다가도 떡을 얻어먹는다는 말이 있다고."

자다가 떡 먹으면 체하는데 엄마는 도대체 무슨 소리를 하는지 모르겠다.

"그만큼 말이 중요하다는 얘기야. 다시 한번 엄마한테 말

대꾸하면 용돈 안 줄 줄 알아."

"그런 게 어딨어? 한번 준다고 약속했으면 지켜야지. 무슨 엄마가 그래?"

"여기 있다! 어쩔래?"

엄마가 등짝을 내리치려다 말고 손부채질을 했다.

"엄마는 한번 한다고 하면 하는 성격인 거 알지?"

"푸우, 푸우후!"

깊은숨을 내쉬었다. 까닥 잘못 말했다간 쥐꼬리만 한 용돈마저 날리게 생겨서다.

"말만 잘해 봐, 용돈이 문제야?"

엄마가 방을 나가면서 중얼거렸다.

"그럼 뭐가 문제야, 엄마? 응? 엄마, 나 용돈 좀 올려줄 수 있어?"

옳다구나 싶어 엄마 치맛자락을 부여잡았다.

"몰라, 몰라, 급하니까 손 놔."

엄마가 내 손을 뿌리치고 화장실로 들어갔다. 나랑 말씨름을 하느라 시험지는 잊어버려 천만다행이다. 나는 똥 마려운 강아지처럼 화장실 문앞을 왔다 갔다 하며 엄마를 기다렸다.

"여기서 뭐 하고 있어?"

"용돈 올려줘. 다른 건 다 올랐는데 내 용돈만 그대로란 말이야."

무슨 일이 있어도 답을 얻어내고야 말 작정으로 엄마를 졸졸 따라다녔다.

"으이구, 누굴 닮았는지……."

엄마가 혀를 끌끌 차며 안방으로 갔다. 이어 천 원짜리 두 장을 펄럭이며 다가왔다.

"아껴 써. 용돈 올리는 건 너 하는 거 보고 결정할 거야."

"치이. 이깟 돈 아껴 쓸 데가 어딨다고?"

"또, 또, 너 말 참 예쁘게 한다? 스읍!"

하마터면 머리를 쥐어박힐 뻔했다.

그나저나 쌍쌍바 맛은 환상이었다. 입에 넣자마자 사르르 녹아 없어졌다. 너무 맛있어서 쌍, 쌍, 하고 욕을 하게 되는 맛이다. 그래서 쌍쌍바일까?

하지만 인생은 늘 그다음이 문제다. 다 빨아먹고 남은 막대를 보자 후회가 마음을 납작하게 누르며 밀려왔다. 후회할 일이라면 애초에 하지 말아야 하는데 늘 그렇지 못한 것이 인생일까?

부채와 벼룩시장

편의점을 나와 중학교 후문 쪽으로 걸어갔다. 후문 앞에서 파란 모자를 쓴 아저씨가 전단지를 나눠 주고 있었다.

일타강사 알찬, 드디어 한샘마을에 떴다!

아저씨 뒤로 세워 놓은 광고판이 눈에 들어왔다.
"나, 저 사람 알아. 텔레비전에 나오는 유명한 강사야."

우성이가 팔짱을 낀 채 웃고 있는 사진을 가리켰다. 두꺼운 안경 너머로 보이는 눈빛만 봐도 공부 잘하게 생겼다. 그때 중학생 형들이 후문 밖으로 몰려나왔다. 아저씨가 전단지와 함께 부채를 나눠 주기 시작했다. 하지만 부채만 가져가고 전단지는 바닥에 버리는 학생들이 많았다.

"우리도 받으러 가자."

"안 가. 받아 봤자 쓰레기통으로 들어갈 거니까."

"전단지 말고."

"뭐?"

"전단지에 끼워 주는 부채 말이야."

우성이가 눈을 번뜩였다. 그걸 어디다 쓰냐고 하자 받아 두면 쓸모가 있다고 했다. 중학생들이 다 빠져나가고 한가한 틈을 타 아저씨한테 다가갔다.

"저도 주세요. 형 갖다주게요."

아저씨가 좋아하며 전단지와 부채를 냉큼 줬다. 나도 덩달아 한 개를 받았다. 전단지에 끼워 주는 거라 별 기대를 안 했다. 그런데 부채질을 해 보니 생각보다 튼튼했다. 오늘처

럼 햇볕이 쨍쨍한 날에 딱이었다.

"아저씨, 그 모자 진짜 잘 어울려요."

우성이가 찬찬히 뜯어보다가 말했다. 아저씨 얼굴에 급 화색이 돌았다.

"어디서 사셨어요?"

아저씨가 모자를 얼른 벗어 보여 주었다.

"아빠 생신 때 같은 걸로 사 드리려고요."

"그래? 요즘 세상에 보기 드문 효자네. 누군지 몰라도 네 아빠가 부럽다!"

아저씨가 칭찬했다. 효자는 무슨. 내가 아는 우성이는 효자하고는 거리가 멀다. 그걸 알 리 없는 아저씨가 기분 좋은 표정으로 전단지와 부채 한 개를 더 줬다.

"헤헤. 고맙습니다."

백여우 우성이가 천사 같은 얼굴로 인사했다. 우성이는 할 말이 더 있는지 머뭇머뭇하다가 입을 열었다.

"한 개 주면 정이 없고 두 개 주면 뭔가 아쉽잖아요? 이왕 주시는 거 꽉 채워서 한 개 더 주시면 안 될까요? 우리나라 사람은 3을 좋아하잖아요? 삼시 세끼에 삼세판이죠."

"허허. 어쩜 그렇게 말을 잘하냐? 집에서 부모님한테 배운 모양이구나."

아저씨가 흐뭇한 표정을 지으며 또 한 개를 줬다. 나는 겨우 한 개밖에 못 받았는데 우성이는 세 개나 받았다. 부러우면서도 약이 올랐다.

"저도 주세요. 왜 차별하세요?"

눈을 치켜뜨고 따지듯이 물었다.

"내가 언제?"

"방금 하셨잖아요? 둘이 있는데 한 명만 주면 그게 차별이 아니고 뭐예요?"

"허허."

아저씨가 어이없어 하며 웃었다.

"너한테 숙제를 내 주마."

"무슨 숙제요? 세상에서 제일 싫어하는 게 숙제인데……."

진짜다. 나는 숙제라면 악몽을 꿀 정도로 싫어한다. 생판 처음 보는 아저씨가 내주는 숙제를 덥석 받을 수는 없었다. 그래서 얼른 시선을 돌려 버렸다.

"어려운 건 아니고……."

아저씨가 내 어깨를 두 손으로 짚었다. 마지못한 표정으로 아저씨를 바라보았다.

"네가 왜 한 개밖에 못 받았는지 잘 생각해 봐."

나는 입술을 잘근잘근 씹었다.

벼룩시장 때문에 교실이 난리법석이었다. 나도 창고에 넣어 둔 장난감이며 자동차, 책을 한 가득 갖고 왔다. 1교시가 시작되자마자 가격표를 붙인 다음 보기 좋게 물건을 진열했다. 진짜 가게 주인이라도 된 듯 으쓱했다.

팔 사람과 살 사람을 정하는 순서가 되었다. 선생님이 뽑기 상자를 꺼냈다. 다행히 나는 먼저 사는 사람이 되었다.

"시작!"

선생님의 말이 끝나기 무섭게 수호 자리로 뛰어갔다. 아까부터 눈도장 찍어 둔 게임기를 집어 들었다. 거의 신상이나 마찬가지여서 가격이 꽤 비쌌다. 가져온 돈을 몽땅 털어 게임기를 사고 남은 시간 동안 구경하러 다녔다.

이제 내가 가져온 물건을 팔 차례였다. 눈길을 끌 만한 물건이 아니라 그런지 관심을 보이는 애들이 없었다. 이러다 한 개도 못 팔면 어쩌나 싶어 조바심이 났다.

"이제 완판이다!"

가격을 더 내려야 할지 말아야 할지 고민하는데 우렁찬 소리가 들렸다. 우성이었다. 워낙 말솜씨가 좋아 금방 팔았을 거다. 다시 원래 가격에서 절반을 깎아 팔기로 했다. 다행히 헐값이라 금방 팔려나갔다. 책은 팔아도 그만 안 팔아도 그만이었다.

"내가 도와줄까?"

그때 우성이가 지나가다 말고 멈춰 섰다. 당연히 좋다고 했다. 그런데 값을 두 배로 올려 팔겠다고 했다. 거저 줘도 사갈까 말까 한데 되려 값을 올리겠다니 의아했다.

반 아이들을 유심히 살피던 우성이가 저만치 알짱거리고 있던 현규를 불렀다.

"현규야, 다른 애들이 사기 전에 얼른 사 가라. 네가 몰라서 그러는데 이 책 특별한 책이야."

"뭐가 특별한데?"

"우리 삼촌이 잘나가는 의사거든? 그 삼촌이 내 나이 때 이 책을 옆에 끼고 살았어. 네가 알다시피 난 공부에 흥미가 없잖아? 너처럼 똑똑하고 공부 잘하는 애들이 봐야 효과가 있어."

"정말?"

현규가 부쩍 관심을 보였다. 현규는 장래 희망이 의사다. 소문난 독서광인데다 공부도 아주 잘해서 의사가 될 수도 있다. 그런데 우성이한테 의사 삼촌이 있다는 말은 처음 들었다.

'헐!'

책을 팔려고 삼촌을 의사로 둔갑시킨 것 같았다. 어떻게 하는지 지켜보기로 했다.

"중요한 건 이 책에 삼촌의 기운이 들어 있다는 거야. 네가 갖고 있으면 그 기운을 받아 공부를 더 잘하게 될 거야. 공짜로 주고 싶지만 그럼 가치가 떨어지니까 딱 이만큼만 주고 가져가."

 힘 하나 들이지 않고 입술에 꿀을 바른 듯 술술 말을 잘했다. 그러자 홀리듯 현규가 순순히 돈을 꺼냈다.
 '와, 대박이다!'
 감탄사가 절로 나왔다. 두 눈으로 똑똑히 보고도 믿기지 않았다. 어떻게 저렇게 말을 술술 잘하는지 모르겠다.
 "앞으로 사부로 모실 테니까 나한테도 전수해 주라."
 우성이 옷자락을 붙잡고 늘어졌다.

술술
비결이란

"술술 말 잘하는 비결이 있기는 하지. 근데 알려 준다고 될까?"

"그러지 말고 알려만 줘."

"음, 말로만은 안 되겠는데?"

우성이가 입을 오물거렸다. 알고 싶으면 먹을 걸 달라는 얘기다. 마음 같아선 머리를 한 대 세게 쥐어박고 싶지만 참았다. 아쉬운 건 내 쪽이라 수그리고 들어갔다.

"그럼 게임기 빌려줄게. 공짜로 주면 가치 없다고 했으니까. 됐냐?"

"응. 특별히 너한테만 알려 줄 테니까 잘 기억해 두었다가 그대로 해 봐."

우성이가 마음에 든다는 듯 씨익 웃으며 대답했다.

"첫 번째 비결이 나가신다. 두구두구, 바로 타이밍이야."

"타이밍?"

"그래. 우리 집 1순위가 누군지 알아? 바로 올리야. 올리는 엄마 아빠가 싸울 때는 절대 나타나지 않아. 구석에 꼭꼭 숨어 있다가 조용해지면 나와서 엄마한테 쪼르르 달려가. 아빠는 엄마만큼 올리를 예뻐하지 않거든. 애교를 부리면서 엄마 품으로 파고들잖아? 그럼 기분 좋아진 엄마가 맛있는 쪽쪽이 간식을 준다? 어때, 타이밍 한번 기가 막히지 않아?"

"에이, 아무리 그래도 강아지가 어떻게 타이밍을 알아?"

"서당 개 삼 년이면 풍월을 읊는다는 말 몰라? 진짜야. 나도 올리한테 배웠어."

우성이 너스레를 떨었다. 세상에 개가 선생님이라니, 개가 웃을 일이다.

그때 퍼뜩 지난주 일이 떠올랐다. 엄마가 말을 이상하게 한다며 용돈을 못 주겠다고 했다. 우성이 말대로 타이밍이 안 맞아서 그랬을까? 강아지는 가르치지 않아도 아는데, 나만 그걸 모르고 있었다. 그러고 보니 강아지에게도 배우는 우성이가 존경스러웠다.

"두 번째는, 뭐, 너도 알 거야."

우성이는 별거 아니라는 듯 고개를 끄덕이며 말했다.

"뭔데?"

"원하는 걸 얻어내려면 상대방 기분을 좋게 해야 해. 사람들이 제일 좋아하는 말이 뭐겠어?"

"몰라."

"아, 생각 좀 하고 말해."

"알았어. 음, 욕은 아니고 칭찬?"

"맞아!"

우성이가 박수를 쳐 주었다. 생각해 보니 칭찬을 듣고 기분 나빠 하는 사람은 못 본 것 같다. 모르는 건 아닌데 실천

하기가 어려웠다.

"아니. 칭찬할 게 없으면 어쩌지?"

"잘 뜯어보면 다 있어. 지난번에 전단지 아저씨한테 내가 했던 말 생각나?"

우성이가 오른편으로 보이는 중학교를 가리켰다. 그러고 보니 얼핏 전단지 아저씨 얼굴이 떠올랐다. 잘생기기는커녕 주먹코에 뻐드렁니까지 튀어나와 인상이 별로였다. 그런데도 우성이는 모자가 잘 어울린다는 칭찬거리를 만들어 부채를 세 개나 얻었다. 그때는 좀 얄미웠는데 우성이는 다 생각이 있었던 거다. 그것도 모르고 나는 차별한다고 떠들기만 했다.

"쇠뿔도 단김에 빼야 한댔어. 지금 바로 연습해 보자."

우성이와 길 한가운데서 마주 보고 섰다. 무슨 말을 할까 하는데 우성이 머리가 오늘따라 커 보였다.

"우성아, 넌 왜 그렇게 머리가 잘 돌아가?"

"으휴, 그게 칭찬이냐? 머리가 잘 돌아간다는 말은 안 좋게 말하면 약삭빠르다는 뜻이잖아!"

"그렇다면…… 음…… 이건 어때? 넌 왜 그렇게 말을 잘해? 나중에 변호사 되고도 남겠다."

"헤헤."

그제야 마음에 든다는 듯 우성이가 입꼬리를 올렸다. 그렇지만 칭찬은 아무래도 쉬운 일이 아니다. 갑자기 마음을 고쳐먹고 현규처럼 학원을 일곱 개나 다니면서 연습에 연습을 거듭하면 가능할지도 모른다. 사람은 열두 번도 더 변한다고 했으니까.

"아 참, 마지막으로 한 가지, 이건 진짜 특급 비밀이야."

"뭔데?"

"하얀 거짓말이 때로는 솔직한 것보다 나을 때가 있어."

"솔직한 게 뭐가 나빠? 난 거짓말보다는 낫다고 생각하는데?"

"넌 그게 문제라고. 공부 못하는 애한테 못한다고 하면 기분 좋겠어? 키 작은 애한테 키 작다고 하면 좋겠냐고? 주먹코 아저씨한테 아저씨 코는 주먹이냐고 하면 좋겠냐? 아저씨 뻐드렁니는 쥐새끼같이 못생겼다고 하면 좋겠냐고? 우리 올리도 못생겼다고 하면 내 손을 막 물어뜯는다고!"

우성이 답답했는지 소리쳤다.

"음, 그러니까 네 말은 거짓말이라도 하란 얘기야?"

"그런 얘기가 아니라고! 예를 들어 네가 숙제를 못 했어. 그래서 선생님한테 혼나게 생겼단 말이야. 그때 그냥 하기 싫어서 안 했어요, 이럴래, 아니면 숙제하려는데 갑자기 배가 아파서 못 했어요. 이렇게 하는 게 나을까?"

"그, 그야……."

"혼날 짓을 했다고 꼭 혼나야 돼? 될 수 있으면 잘 넘어가고 다음에 더 잘하면 되지."

우성이 말은 설령 거짓말이라도 남에게 해를 주지 않는 범위에서 괜찮다는 뜻 같았다. 싫으면 싫다고 하는 것도 좋지만 군이 그럴 필요가 있냐는 거였다. 새빨간 거짓말이야 문제지만 하얀 거짓말은 선의로 넘어갈 수 있다는 얘기다. 그래도 거짓말은 거짓말이라 선뜻 납득이 되지 않았다. 거짓말이 거짓말을 낳으면 하얀 거짓말이든 새빨간 거짓말이든 구분 없이 막 쓰게 될 수도 있다.

"그럼 너는 그냥 솔직하게 혼나고 말겠다는 거냐? 야단을 안 맞으려면 핑계를 대야지. 이왕이면 고급지게, 있어 보이게 하라는 얘기야."

내가 미심쩍어 하자 혼쭐을 냈다.

"우리 삼촌은 의사 지망생이었는데 의대 시험에 똑 떨어졌어. 근데 식물도감을 좋아한 건 사실이야. 현규가 장래 희망이 의사라고 하니까 그 생각이 퍼뜩 나서 말한 건데, 중요한 건 현규가 그 말을 듣고 책을 샀다는 거지."

우성이가 신이 나서 떠들었다. 그 어느 때보다 자신감에 차 있는 모습이었다. 현규를 위해 우성이가 설령 거짓말을 했더라도 나쁘지 않은 것 같았다.

"내가 한 말 명심해."

"알았어."

나는 주먹을 불끈 쥐어 보였다.

첫 번째 성공

"오늘 밤에 꼭 그 프로그램 봐야 돼."

자려고 눕는데 우성이 말이 떠올랐다. 우리나라에서 말을 가장 잘하는 사람들이 나온다고 했다. 말을 잘하는 사람이라면 개그맨이나 국회의원일까? 궁금해서 거실로 나갔다. 마침 엄마는 안방에 있었다.

텔레비전을 켜자 화면에 커다란 자막이 떴다.

'청년 실업문제 이대로 괜찮은가?'

다섯 명이 나와 열띤 토론을 벌이고 있었다. 몇 명 안 되는 반 아이들 앞에서 이야기하는 것도 힘든데 전 국민이 지켜보는 데서 말하려면 보통 용기가 필요하지 않을 것이다. 가끔 모르는 단어가 나오기는 해도 알아들을 만했다.

텔레비전 소리를 들었는지 엄마가 거실로 나왔다.

"이 시간에 웬일이야?"

평소 같으면 벌써 자러 갔을 텐데 눈을 말똥하게 뜨고 있으니 이상한 모양이었다. 숙제하는 중이라고 둘러댔다.

"무슨 숙제?"

"그런 게 있어."

우성이 얘기를 하면 길어질 것 같아 얼버무렸다.

"벌써부터 비밀 만들 거야?"

엄마가 내 눈앞에 얼굴을 바짝 들이대고 물었다. 휴, 말을 안 해서 그렇지 내가 얼마나 비밀이 많은데. 며칠 전에 팬티에 오줌 지린 걸 생각하면 지금도 얼굴이 발갛게 달아오른다. 그런 건 절대 말할 필요도 없고 해서도 안 된다.

"얼른 들어가 자. 괜히 늦잠 자지 말고."

엄마가 팔짱을 낀 채 말했다.

"하흠."

하필 그때 하품이 나왔다. 텔레비전을 끄고 어기적어기적 방으로 들어갔다. 잠이 올 듯 말 듯 해서 뒤척이는데 벽 한쪽을 차지한 책장이 눈에 들어왔다. 맨 아래 칸에 검은 표지로 된 두꺼운 국어사전이 보였다. 초등학교 입학 선물로 이모

가 사 준 기억이 났다. 사전을 보자 아까 토론 프로그램에서 들은 '선견지명'이라는 단어가 궁금했다.

'어떤 일이 일어나기 전에 미리 앞을 내다보고 아는 지혜.'

일단 쪽지에 적어 두었다. 알아 두면 쓸모가 있을 것 같았다. 그리고 결심했다. 이제부터 하루에 한 단어씩 외워 보기로. 유식해 보이면 말도 더 잘 먹힐 테니까. 이런 생각까지 해낸 내가 너무 멋있게 느껴졌다.

"여보, 나 어때?"

아침부터 집 안이 시끌시끌했다. 눈을 비비며 거실로 나가니 엄마가 이리저리 몸을 돌리며 거울에 비춰 보고 있었다. 짙은 화장에 처음 보는 살구색 원피스를 입고 있었다. 조금 있나가 안방 문이 열리더니 아빠가 나왔다. 양복 차림에 닭 볏처럼 머리를 꼿꼿하게 세우고 있었다.

그러고 보니 오늘은 엄마 아빠가 집을 비우는 날이다. 멀리 사는 친척 결혼식에 가서 하룻밤 자고 온다고 했다. 나는 가지 않고 이모네 가서 지내기로 했다. 이모네는 외할머니도 계시고 사촌 동생 용타가 있어서 심심하지 않다.

"단둘이 여행 가는 게 대체 얼마 만이야?"

"그러게. 앞으로 자주 가자고 할 테니까 기대해."

"호호호."

모처럼 훈훈한 바람이 불었다. 두 사람이 이렇게 사이좋게 웃는 모습을 오랜만에 본다. 2학년 때까지만 해도 우리 집은 웃음이 넘쳤다. 그런데 아빠가 회사를 그만둔 후 찬바람이 쌩쌩 불었다. 한여름에도 집안 분위기가 고드름처럼 차갑고 딱딱했다. 엄마가 허리띠를 졸라매야 한다며 학원도 줄이고 휴대폰도 사 주지 않았다. 덕분에 내 용돈은 2년째 그대로 멈춰 있다. 그나마 지금은 아빠가 취직을 해서 다행이지만 그렇다고 내 용돈이 팍팍 올라갈 것 같지는 않다. 이번에는 용돈 좀 올려달라고 해야겠다. 아무리 봐도 지금이 바로 그 타이밍이다.

함박웃음을 지으며 엄마 아빠 앞으로 다가갔다. 말할 때 표정이나 목소리도 중요하다고 우성이가 말했다. 미소를 머금고 두 사람을 번갈아 보며 두 번째 비결인 '칭찬하기'에 들

어갔다.

"엄마, 아빠 왜 이렇게 멋져요? 영화배우 커플 같아요!"

엄지를 한껏 세우고 칭찬 세례를 퍼부었다.

"정말? 말이라도 기분 좋네!"

엄마가 소녀처럼 입을 손으로 가리며 호호거렸다.

"진짜예요. 너무 멋져서 엄마 아빠 아닌 줄 알았어요."

"그래? 호호호호호호호호."

"애들이 그러는데 내가 엄마 아빠 닮아서 잘생겼대요."

존댓말까지 써 가며 칭찬을 퍼부었다. 나도 내 입에서 나오는 말 같지 않아 불판 위에 올린 오징어처럼 온몸이 오그라들었다. 하지만 원하는 것을 얻으려면 닭살 돋는 일쯤은 견뎌야 한다. 나도 말을 못하는 편은 아니다. 우성이처럼 달콤하고 멋지게 못 할 뿐이지.

"우리 은우가 많이 컸네? 엄마 아빠 칭찬도 할 줄 알고."

아빠도 흐뭇하게 미소를 지었다. 아빠는 내 편이지만 무조건 내 말을 들어주지는 않는다. 나중에 엄마가 알게 되면 잔소리를 듣기 때문이라고 했다.

"그러게. 이제 사람이 좀 되려나?"

"언제는 내가 사람 아니고 강아지새끼였나?"

으아, 아차차차차, 무심코 평소 습관이 툭 튀어나왔다. 순간 두 손으로 얼른 입을 틀어막았다. 아무 때나 툭툭 튀어나오는 이놈의 입이 말썽이다. 그러나 한번 나온 말은 다시 주워 담을 수 없다. 잽싸게 엄마 눈치를 보는데, 다행히 미리 칭찬을 받아서인지 싫은 소리를 하지 않았다. 역시나 칭찬의 힘이란! 우성이가 머릿속에서 구름처럼 나타나 씩 웃으며 지나갔다.

나는 다음 단계를 생각하며 지그시 가슴을 누르고 입꼬리를 올렸다.

"이은우, 너 엄마한테 할 말 있지?"

그때 엄마가 훅 들어왔다. 역시 나는 엄마 눈을 벗어날 수 없는 건가? 가슴이 쿵쾅거렸다.

"어? 그, 그게…… 이제 나도 용돈 좀 올려 줘."

애처로운 표정으로 엄마 손을 잡았다.

"다른 애들은 나보다 훨씬 많이 받는단 말이야. 엄마는 겨우 이천 원밖에 안 주면서 맨날 아껴 쓰라고 하고…… 친구들한테 거지같이 얻어먹기만 하니까 쪽팔려 죽겠단 말이야. 흑흑."

우는 것처럼 하려고 말끝에 울음 비슷한 소리를 넣었는데, 어쩌다 보니 진짜 울음이 나왔다. 연극도 몰입하면 실제처럼 된다. 사실 그동안 쌓인 게 많았다. 나도 모르게 흑흑 하다가 흑흑, 꺽꺽, 감정이 격해져 앙앙앙 소리를 내며 눈물 콧물을 쏟아 냈다. 멋진 옷을 입은 엄마는 이 어이없는 사태 앞에서 표정 관리를 못 하고 쩔쩔맸다.

 처음부터 이러려던 건 아니었다. 물가가 많이 올랐는데 용돈도 올려 줘야 하지 않느냐, 용돈을 올려 준다 해도 그걸 다 쓰지 않고 모아서 엄마 아빠 생일 선물을 살 거다, 말만 잘하면 용돈을 올려 준다고 하지 않았느냐 등등등, 법정 드라마에서 멋지게 차려입은 변호사가 줄줄이 조목조목 근거를 대듯이 말하려고 했다. 그런데 그 조리 있는 말들은 어디론가 다 사라지고 유치한 감정을 앞세워 어린아이처럼 투정을 부리고 있었다.

 어른들은 울거나 떼를 쓰면 들어줄 것도 안 들어준다고 했다. 어른이든 아니든 다른 사람을 설득하는 일은 쉬운 일이 아니다. 그러고 보면 우성이는 참 대단한 아이인 것 같다.

 "은우 말도 일리가 있어. 사람은 염치가 있어야 하는 거야."

잠자코 듣기만 하던 아빠가 거들어 주었다. 하느님이라도 만난 듯 반가웠다.

하지만 엄마는 필요한 건 다 사 주는데 뭔 돈이 더 필요하냐고 잘라 말했다.

"애들한테는 그게 중요하지. 남자는 호주머니에 돈이 똑 떨어지면 기운이 없는 거야. 우리 은우가 기죽어 다니면 좋겠어?"

평소에 아빠가 엄마에게 하고 싶었던 말을 내 핑계를 대고 하는 것 같았다.

"맞아. 엄마는 잘 알지도 못하면서…… 곧 엄마 생일이잖아? 선물을 해야 하는데 모아 놓은 돈은 없고, 명절도 아직 멀었고, 그렇다고 생일 선물 사게 돈 달라고 할 수는 없잖아. 돈을 받아서 선물을 사려고 돈을 달라고 하면 좋겠어? 요?"

아빠가 이해한다는 표정으로 미소를 지으며 바라봐 주니 용기가 퐁퐁 샘솟았다. 나도 미처 예상치 못한 말이 거미줄처럼 술술 목구멍을 잘도 빠져나왔다.

"좋아. 그럼 천 원 더 올려 줄게."

엄마가 눈동자를 뱅그르르 돌리더니 살짝 감동한 표정으로 말했다.

"고작?"

나는 이게 웬 떡이냐 싶으면서도 협상에 뒤지지 않으려고 마음을 숨기고 냉정하게 대처했다.

"일주일에 천 원이면 한 달에 사천 원, 일 년이면 사만 팔천 원이나 되는데 그게 적단 말이야? 그리고 이천 원에서 천 원을 올리면 50퍼센트나 인상한 건데, 뭐 고작이라고?"

"아. 알았어. 더 욕심부리면 취소한다고 할 거지?"

"그래. 귀신같이 아네."

"치!"

일단 입을 비죽 내밀고는 화장실로 들어갔다. 거울을 들여다보며 혼자 씩 웃었다. 돈도 돈이지만 나도 맘먹고 하면 잘할 수 있다는 자신감이 생겼다. 기분이 좋았다. 물론 아빠의 도움이 없었다면 어려운 일이었지만 말이다. 하지만 첫 술에 배부르기는 쉽지 않다.

'빨리 알려야지.'

이 좋은 소식을 우성이한테 알리고 싶은데 휴대폰이 없다니. 우성이네 집까지 뛰어가 이 소식을 알릴까 말까 하다 캠핑 간다고 했던 말이 떠올랐다. 어쩔 수 없이 월요일까지 기다려야 했다.

늘어 가는 실력

"혀엉!"

엘리베이터 문이 열리자마자 용타가 반갑게 맞아 주었다. 한 달 전 만났을 때보다 얼굴이 더 통통했다. 용타는 나보다 한 살 아래다. 용타라는 이름은 이모가 태몽을 꾸었는데 용이 나타나서 용하다, 용하다 하다 용타가 되었다고 했다. 처음 들을 때는 이상했는데 자꾸 부르다 보니 입에 찰싹 달라붙었다.

용타는 다섯 살 때부터 축구를 시작했다. 지금은 자기 이름을 새긴 유니폼도 여러 벌 가지고 있었다. 그만큼 축구를 좋아하고 잘한다. 할머니한테 인사를 하고 곧바로 용타 방으로 들어갔다. 나란히 침대 위에 엎드려 과자를 먹으며 게임을 했다. 세상에서 가장 행복한 일은 푹신한 침대에서 뒹굴며 과자를 먹는 것, 그리고 마음 맞는 사람과 함께 게임을 하는 것이다.

"게임인가 뭣인가, 아주 삼매경이네."

마침 할머니가 과일 쟁반을 들고 들어왔다. 엄마 같았으면 한바탕 잔소리를 늘어놓았을 텐데. 행복의 조건은 역시나 그냥 내버려두는 것이다. 강아지나 고양이처럼 내버려두고 가끔 먹을 것만 주면 된다.

어젯밤 학습지를 다 하고 나서 게임을 할 때였다. 별안간 방문이 열리더니 엄마가 들어왔다. 엄마는 언제나 피할 새 없이 훅 들어온다. 너무 놀라 몸을 날리다가 침대 모서리에 무릎을 찧었다. 오늘 아침 화장실 변기에 앉아 들여다보니 퍼렇게 멍이 들어 있었다. 멍을 손가락으로 눌러보다 아악,

소리를 질렀다. 몰래 하는 게임은 멍을 부른다. 멍은 누르면 아픈데 내버려두면 점점 사라진다.

할머니에게는 뭐든 숨기지 않아도 되고 눈치를 볼 필요도 없어 너무 좋다. 시원하고 아삭한 배를 한 입 베어 물다 말고 쟁반 위에 손가락으로 '삼매경'이라고 썼다.

"뭐 해?"

"요즘 새로운 단어를 공부하는 중이야."

"그래?"

별일이라는 듯 고개를 갸웃거렸다.

점심으로 짜장면을 먹었다. 할머니표라 그런지 고소하고 입에 착착 감겼다. 할머니 먹거리는 기다랗고 쫀득한 면발처럼 계속 이어졌다.

"아이고 배불러. 형아, 우리 축구하러 가자."

공처럼 볼록 튀어나온 배를 두들기며 용타가 졸랐다. 용타 유니폼을 빌려 입고 밖으로 나갔다. 용타네 아파트는 지은 지 얼마 안 돼 지상에 차가 다니지 않는다. 주차는 지하에만 할 수 있어 위험하지 않다.

재활용센터를 지나 경비실 옆 넓은 공터로 갔다. 한 구석을 차지하고 축구를 했다. 말이 축구지 골대 대신 나무 두 개를 정해 놓고 그 사이에 공을 집어넣는 것이다. 물론 골라인도 하프라인도 따로 없으니 공 가는 곳이 모두 운동장이다. 공이 어디로 튈지 몰라 이리 뛰고 저리 뛰다 보니 운동량이 엄청났다. 장애물도 많아 비껴 다니느라 숨이 차고 땀은 비 오듯 줄줄줄 흘러내렸다.

"헉헉, 용타야, 너어, 실력 많이 늘었다?"

"헤헤. 코치님도 그렇게 말했어."

용타가 자랑스러운 얼굴로 어깨를 으쓱했다. 나처럼 숨가빠 하지도 않고 멀쩡했다. 그때 용타가 찬 공이 내 귀를 스쳐 지나갔다. 얼마나 빠르고 센지 한 방 맞았다 하면 고막이 터질 것 같았다. 이번에는 내가 공격할 차례였다.

"자아, 들어간다!"

왼발로 딱 버티고 오른발을 들어 힘차게 공을 찼다. 하필 골대 삼았던 나무 둥치를 맞고 튀어나왔다. 젖 먹던 힘을 다해 다시 공을 찼다. 그 순간 몸이 휘청하며 바닥에 털썩 주저앉았다.

"와장창!"

동시에 요란한 소리가 들렸다. 소리 나는 쪽으로 돌아보았다. 눈앞에 벌어진 광경에 입이 절로 떡 벌어졌다. 하필이면 내가 찬 공이 경비실 유리창을 깬 것이다.

"야, 뛰어!"

순간 그 자리를 피해야겠다는 생각밖에 들지 않았다. 다행히 아무도 본 사람이 없었다. 재활용센터를 지나 아파트 계단을 내려가 건너편에 보이는 유치원 놀이터로 갔다. 다리가 후들후들 떨려 더는 못 가고 주저앉았다.

"경비 아저씨가 쫓아오면 어떡해?"

엉겁결에 따라온 용타가 걱정스러운 얼굴로 말했다. 경비 아저씨가 유니폼에 적힌 자기 이름을 봤을지도 모른다며 지금이라도 가서 말하자고 했다.

"갈 때 가더라도 지금은 타이밍이 아니야."

"무슨 타이밍?"

"혼나더라도 덜 혼나는 타이밍이 있어. 지금 가면 우린 죽

음이야. 뼈도 못 추린단 말이야."

벌렁대는 가슴을 지그시 누르고 안심시켰다.

"그게 언젠데?"

"음, 십 분쯤? 아니 그보다 조금 더 있어야 될지도."

사실은 나도 잘 모른다. 느낌상 그 정도면 될 것 같아서 해 본 말이다. 그때 용타가 고개를 발딱 치켜들었다.

"생각해 보니까 형 말이 맞는 것 같아. 우리 엄마도 그랬어. 엊그제 아빠가 퇴근길에 교통사고를 냈거든? 사고 책임이 아빠한테 있어서 상대방 수리비를 다 물어 줘야 한댔어. 그 소리를 듣자마자 엄마가 펄펄 뛰며 화를 냈어."

"그래서?"

"곧 오겠다던 아빠가 한 시간, 두 시간 지나도 안 나타났어. 전화를 해도 안 받고. 처음에는 막 화를 내던 엄마가 점점 아빠 걱정을 하는 거야. 한밤중이 돼서야 아빠가 들어오니까 엄마가 막 울었어. 사람만 안 다쳤으면 됐다면서 오히려 아빠를 위로했어."

"내 말이 그 말이야. 난 지금 바로 그 타이밍을 노리는 중이야."

 조금 전까지만 해도 속으로는 불안하고 걱정되었다. 그런데 용타 말을 듣고 나니 마음이 놓였다. 얼마나 지났을까? 슬슬 겁도 나고 너무 길어지면 역효과가 날 수도 있어 왔던 길을 되돌아갔다. 우성이가 알려 준 술술 비결을 재빨리 되새겼다.

 경비실 앞에 제복을 입은 아저씨가 나와 있었다. 두리번두리번 무언가를 찾고 있었다. 범인을 찾고 있는지도 몰랐다. 가슴이 쿵쾅쿵쾅 뛰었다.

"안녕하세요."

 가까이 다가가며 큰 소리로 인사했다. 경비 아저씨가 돌아보았다. 안녕하지 못하다는 듯 미간을 잔뜩 찌푸렸다. 부리부리한 눈에 인상이 무섭고 차가워 보였다.

"혹시 너 103동 503호 사는 애냐?"

 내 옆에 바짝 붙어 있던 용타를 봤다.

"네. 사실은 형이 할 말이 있다고……."

 용타가 쭈뼛쭈뼛 말문을 열었다. 아저씨가 내 얼굴을 빤히 바라보았다. 나는 입술에 침을 묻히고 나서 불쌍한 표정을 지었다.

"사실은 제가 아까 축구 삼매경에 빠져 있다가 실수로 유리를 깼어요. 일부러 그런 거 아니고 선견지명이 없어서 그랬어요. 경비실 주변에서 축구를 하면 안 되고요, 또 유리창을 깼으면 바로 이실직고해야 하는데, 무서워서 저도 모르게 그만 삼십육계 줄행랑을 치게 되었어요. 죄송해요. 그래도 양심이 있어 다시 돌아왔어요."

그간 열심히 갈고닦았던 고급스러운 단어를 섞어 가며 변명했다.

"뭐가 어째? 말은 청산유수로 잘한다. 선견지명도 없으면서 왜 죄송할 일을 해? 그리고 빤히 돌아올 걸 줄행랑은 왜 쳐? 안 그래도 막 시시티브이 확인할 참이었는데 잘됐다. 집에 어른들 계시지?"

경비 아저씨가 곧장 경비실 안으로 손을 들이밀더니 인터폰을 집어 들었다. 할머니한테 알릴 모양이었다.

"제가 알아서 할 테니까 제발, 제발 한 번만 용서해 주세요."

펄쩍 뛰다 납작 엎드려 바짓가랑이를 붙잡고 늘어졌다. 할머니가 알면 엄마가 아는 건 시간 문제였다.

"뭘 알아서 하겠다는 거냐?"

엉거주춤하니 수화기를 집어 든 아저씨가 쳐다보았다.

'타이밍을 잘못 잡은 건가?'

입술이 바짝바짝 타들어 갔다.

"아저씨 한 번만이요. 제발이요."

이럴 때는 변명보다 무조건 잘못했다고 비는 게 상책일 것 같았다. 아저씨가 마지못해 수화기를 내려놓았다.

"그래, 어쩔 셈인지 들어나 보자."

방금 전보다는 말투가 많이 누그러져 있었다. 일단 급한 불은 껐지만 안심하긴 아직 일렀다. 어떻게 무사히 이 난관을 빠져나갈까 궁리하는데 아저씨 왼쪽 가슴에 붙은 배지가 눈에 들어왔다. 노란색으로 된 배지는 꽃 모양이었다. 술술 말 잘하는 비결 두 번째 칭찬 퍼붓기에 즉시 돌입했다.

"아저씨, 그거 혹시 훈장 아니에요?"

눈을 반짝거리며 가슴에 있는 배지를 가리켰다.

"어떻게 알았냐? 눈썰미가 제법이네?"

다행히 아저씨 입꼬리가 슬쩍 올라갔다.

"몇 년 전에 거리에서 운전하다 사람을 치고 도망가는 뺑소니범을 이십 킬로미터나 쫓아가서 겨우 잡았어. 신문에도 나오고 텔레비전에도 나오고 난리였다. 그때 경찰서에서 용감한 시민의 꽃이라고 이 배지를 주더라."

"우아! 텔레비전에요? 어쩐지 많이 본 것 같더라고요."

"예끼 이 녀석, 보긴 어디서 봤다고 뺑을 치냐?"

"제가 그런 용감한 사람들 이야기를 무지무지 좋아하거든요."

정말이다. 세상에는 나쁜 놈도 많고 목숨을 걸고 혼내 주는 멋진 사람도 많다. 불쌍한 사람도 많고 도와주는 사람도 많다. 그런 뉴스를 보면 마치 내 일처럼 감동해서 눈물을 줄줄 흘리고 주먹을 불끈 쥐게 된다. 지난번 지구촌 뉴스에 지진으로 무너진 땅속에서 우리나라 구조대가 맨손으로 아기를 구해 낸 적이 있었다. 나는 거실에서 만세를 부르다 바로 내 방으로 뛰어가 저금통을 털어 후원금에 보태기도 했다. 그 점에서 아저씨와 내가 열혈 사나이로 닮았다는 점을 강조했다.

"그래. 하지만 유리 값은 물어내야 한다!"

"당연하죠. 반드시 해결해야죠."

두 주먹을 쥐어 보이며 다짐한 다음 꽁무니가 빠져라 그 자리를 빠져나왔다.

"우아, 형 진짜 대단하다."

용타가 눈을 휘둥그레 뜨고 감탄했다. 예전에는 몰랐다는 듯 부러워하는 모습이었다.

"내가 공부를 좀 했지."

나는 어깨를 으쓱 들어 보였다.

돼지저금통
털기 작전

 프라이팬에 담겨 있는 고추장 소스가 보글보글 끓었다. 할머니가 주걱으로 휘휘 젓다가 설탕을 듬뿍 쳤다. 하얀 거품이 보르르 일어났다. 윤기가 자르르 흐르고 먹음직스러워 보였다.
 "얼른 먹자."
 할머니가 둥근 접시에 떡볶이를 내왔다.
 "호로록, 호로록."

용타가 입술에 빨간 소스를 잔뜩 묻혀 가며 떡볶이를 먹었다. 하지만 나는 입맛이 없었다. 머릿속이 유리 값 물어줄 걱정으로 가득 차 있었다.

"어서 먹지 않고?"

깨작거리는 모습을 보고 할머니가 채근했다.

'할머니한테 도와달라고 할까?'

마음만 그렇지 입이 딱 붙어 떨어지지 않았다. 엄마랑 할머니는 모든 정보를 공유하고 있다. 할머니한테 말하면 무조건 엄마가 알게 될 거라는 게 내 예상이다. 그리고 할머니가 맛있는 음식도 만들어 주고 가끔 용돈도 주는데 그렇게 큰돈을 요구할 수는 없었다.

답답한 마음에 베란다로 나갔다. 저 아래 불빛이 환하게 새어 나오는 곳이 경비실이다. 불빛은 때로 따뜻하지만 이럴 때는 근심덩어리이다. 머리에서 가슴으로, 손과 발로, 근심은 요리조리 옮겨 다닌다. 귓속에서 경비 아저씨의 목소리가 윙윙 울렸다.

아까 경비 아저씨가 내가 보는 앞에서 유리 가게에 전화를 걸었다. 최고로 많이 깎아 줘도 오만 원은 있어야 한다고 했다. 당장 돈을 내라는 걸 사정사정해서 내일 점심까지 미뤄 두었다. 시간이 많이 남아 있지 않았다.

용타랑 놀 기분이 나지 않아 일찍 잠자리에 들었다. 침대에 드러누워 두 팔을 위로 젖히고 오른쪽으로 한 번 왼쪽으

로 한 번 뒹굴었다. 천장이 온통 푸른 배추밭으로 보였다. 배춧잎이 만 원짜리 지폐로 변해 나비처럼 팔랑팔랑 방 안을 날아다녔다. 돈을 잡으려고 벌떡 일어나다가 다리가 꼬여 그만 방바닥으로 떨어져 머리를 찧었다. 돌처럼 딱딱한 머리도 바닥에 찧으니 눈물이 쏙 나고 세상이 빙글빙글 돌았다.

'돈을 어떻게 구하지?'

잠은 안 오고 한숨만 푹푹 나왔다.

'아빠한테 도움을 청할까?'

하지만 지금은 너무 멀리 있었다. 지금 가진 돈은 주머니째 탈탈 털어 봐야 오천 원밖에 안 되었다. 아빠가 엄마 몰래 용타랑 맛있는 거 사 먹으라고 준 돈이었다. 주머니에 그 돈이 있어서 든든했는데 한 푼도 써 보지 못하고 날리게 생겼다.

그때 책상 위에 놓인 황금색 돼지저금통이 눈에 들어왔다. 퍼뜩 용타한테도 얼마간의 책임은 있지 않나 싶었다. 먼저 축구하자고 한 사람이 용타고 둘이 하다 그렇게 되었다. 그런데 나 혼자만 몽땅 책임을 지는 건 좀 억울하다.

한숨을 내쉬며 저금통을 만져 보았다. 메론만 한 크기니

동전만 해도 어림잡아 몇 만 원은 들어 있을 것 같았다. 그렇다면 얼마쯤 슬쩍해도 모를 것이다. 돼지 등의 길쭉한 구멍을 손가락으로 벌려 보았는데 생각보다 단단했다. 묵직한 돼지를 안고 밝은 곳으로 가서 구멍 안을 들여다보니 어둠침침한 안쪽에 뭔가 푸른 기운이 감돌았다. 얼핏 세종대왕의 눈과 마주친 듯 심장이 쿵쾅거렸다. 얼굴이 화끈화끈 달아올랐다.

'그래도 이건 아니지.'

도리질 치며 결국 돼지저금통을 제자리에 돌려놓았다.

"형, 일어나!"

요란한 소리에 눈을 억지로 떴다. 머리가 지끈거렸다. 어젯밤 잠을 설치다가 밤늦게야 잠들었는데 악몽과 길몽을 연속으로 꾸었다. 배추밭 옆 웅덩이에 빠져 허우적거리며 웅덩이 깊은 구멍 속으로 한없이 들어가다가 엄청나게 용을 쓰는 바람에 이번에는 또 거꾸로 솟아올라 한없이 구름 위로 올라가는 꿈이었다. 몸은 자유로운 것 같은데 마음대로 되지 않으니 여기가 지옥인지 천국인지 구분할 수 없는 이상한 꿈이었다.

"할머니가 교회 가야 하신대. 빨리 밥 먹으래."

용타의 말에 잠결에 눈을 뜨며 할머니 나비가 교회로 날아가는 모습을 상상했다. 뿌연 하늘을 나는 할머니가 참 편안해 보였다.

현실은 여전하고 실망은 내 몫이었다. 방 안에는 나와 용타 둘만 남겨져 있었다. 오늘 하루가 싹둑 잘려 나갔으면 좋겠다. 그때 축구공이 보였다. 퍼뜩 좋은 생각이 떠올랐다.

"용타야, 너 손흥민 같은 축구 선수가 되고 싶다고 했지?"

"응."

당연한 걸 새삼스럽게 왜 물어보느냐는 눈빛이었다.

"내가 볼 때 넌 충분히 그런 자질이 있어."

"히히. 감독님도 그렇게 말했는데."

흡족한 표정으로 맞장구쳤다. 용타가 기분 좋은 틈을 타 더 파고들었다.

"그런데 토트넘 손흥민 선수처럼 축구를 잘한다고 쳐. 그걸로 다가 아니야."

그게 무슨 뚱딴지같은 소리냐는 듯 동그래진 눈으로 쳐다봤다.

"음…… 네가 유명해지면 인터뷰가 들어올 거야. 물어보는 말에 술술 답을 잘해야겠지?"

"당연하지. 난 사람들 앞에서 말하려면 떨려 죽겠던데 손흥민 선수는 어떻게 그렇게 말도 잘하는 걸까?"

"너도 잘할 수 있어. 지금부터 내가 그 비결을 알려 줄 테니까 아무 걱정 말고 축구나 열심히 해."

용타가 솔깃한 표정으로 눈을 반짝였다.

"엄마 말에 따르면 내 말은 매를 부르는 말투랬어. 그래서 혼나지 않아도 될 일을 두 배로 혼이 나게 만든대. 그런데 이 방법을 쓴 뒤로 혼닐 일이 확 줄었어. 내가 어쩌다 혼나는 경우는 이걸 까먹기 때문이야."

"진짜?"

"그래. 어제 내가 경비 아저씨한테 하는 말 다 들었지? 다른 때랑 좀 다르다는 생각 안 했어?"

"그런가?"

고개를 갸웃하며 긴가민가 하는 표정을 했다. 또박또박 술술 말 잘하는 비결에 대해 차근차근 일렀다.

"그런 게 있어?"

"나만 믿어. 대신……."

용타 손을 덥석 잡았다. 그때 용타가 무릎을 바짝 당겨 앉으며 말했다.

"우리 반에 원찬기라는 애가 있거든? 별명이 생고기야. 생트집 고자질에 기분 잡치는 놈의 준말이지. 자기가 먼저 툭 치고 지나가 놓고선 내가 그랬다고 고자질해. 저번에는 모래장에서 닭싸움을 했는데 자기가 지니까 내가 반칙했다고 고자질해서 선생님한테 혼났어."

"와, 스트레스 엄청 받았겠다."

"당연하지. 열이 나서 미칠 뻔했어."

"힘으로 하면 분명히 네가 이길 건데 그럴 수는 없잖아……."

용타가 억울하다는 표정을 지었다. 어떻게 말하면 좋을지 지금부터 비결을 실현할 수 있는 따끈한 처방을 찾아보자고 했다. 모든 일에는 차선이 있다. 최선이 아니라면 차선을 생각하고 차선이 아니라면 차선의 차선을 생각하면 된다. 그래 까짓것 안 되는 일이 없다 이 말이다.

"아무리 생각해도 칭찬거리가 없는데?"

"그래도 찾아봐. 분명히 한 가지는 있을 거야. 굼벵이도 구르는 재주가 있고 지렁이도 꿈틀거리는 재주가 있고 박쥐도

매달려 버티는 재주가 있잖아."

용타는 박쥐처럼 팔을 뻗어 보고는 그래도 떠오르지 않는다는 듯 고개를 살래살래 저었다.

"그럼 이렇게 해 봐"

"어떻게?"

"찬기야, 너는 어떻게 그렇게 관찰력이 뛰어나니? 남들보다 잘 보니까 커서 기자 하면 잘할 거야. 내가 모르는 뉴스를 알려 줘서 너무 고마워. 다음에는 가짜 뉴스 말고 진짜 뉴스를 말해 주면 좋겠다!"

"푸웁!"

용타가 웃음을 터뜨렸다.

"세상에 칭찬해서 싫어하는 애는 한 명도 없을 거야. 착하다고 하면 더 착해지고 나쁘다고 하면 더 나쁜 짓을 하고 싶은 게 사람 마음이잖아? 그 심리를 이용하면 돼."

미처 생각지도 않은 말이 입에서 술술 잘도 나왔다.

"나도 처음에는 오글거렸는데 꾹 참고 하니까 되더라. 그러니까 하고 싶은 말은 적당히 뒤로 빼고 칭찬을 먼저 하자고. 고자질쟁이 때문에 힘들다고 끙끙 괴로워하지 말고! 응?"

용타 어깨를 툭툭 치며 용기를 불어넣었다.

"알았어. 그렇게 해서 효과를 보면 내가 형한테 한 턱 쏠게."

"더 잘하는 방법이 있기는 한데 그건 나중에 알려 줄게."

"뭔데? 지금 알려 주면 안 돼?"

"그건 워낙 고급 기술이라서. 헤헤. 게다가 천 리 길도 한 걸음부터 차근차근 가야지, 손오공도 아닌데 갑자기 이 산 저 산 건너뛸 수는 없잖아?"

작전상 뭔가 더 있어 보일 필요가 있었다.

"좋아. 형만 믿을게."

용타가 아쉬운 표정으로 말했다.

분위기가 무르익었다 싶어 본론으로 진입했다.

"너도 알지만, 어제 말이야. 음, 그 유리 값 물어줘야 하잖아?"

다른 부탁 같으면 거리낌 없을 텐데 아쉬운 소리를 해야

해서 선뜻 말이 잘 안 나왔다. 그나마 어제 용타가 옆에서 다 지켜봤기 때문에 구구절절 설명하지 않아도 되어 다행이었다.

"지금 나한테 있는 돈이 이것뿐이야."

용타가 주섬주섬 호주머니를 뒤져 천 원짜리 몇 장을 꺼내 보였다.

"그걸로 부족해. 어젯밤에 우연히 네 저금통 구멍에서 세종대왕을 봤거든? 그것 좀 빌려줄 수 있어?"

"세종대왕?"

용타가 의아한 표정을 지으며 물었다.

"세종대왕이 그려진 지폐 말이야."

"하하. 난 또 뭐라고! 그건 세뱃돈이야."

"그래. 꼭 갚을 테니까 사만 오천 원만 빌려주라. 원하면 차용증 같은 것도 써 줄 수 있어. 도장 대신 사인으로 해도 효과가 있다던데?"

텔레비전에서 얼핏 주워들은 말을 옮겼다. 용타가 알아듣는지는 중요하지 않았다.

"엄마가 알면 안 되니까 빨리 돌려줘야 돼."

"당연하지. 역시 넌 내 동생이야."

끈끈한 형제애 같은 게 느껴져 나는 용타의 목을 한 팔로 휘감았다.

"원찬기 그 자식이 못되게 굴면 나한테 말해. 바로 쫓아가서 똥구멍이 빠지게 혼내 줄게. 알았지?"

"응, 헤헤."

딱 걸렸어

기민이 형 수업이 끝나려면 아직 멀었다. 우성이와 나는 벤치에 앉아 6학년 교실을 올려다봤다.

"정말 가져왔을까?"

내 말에 우성이가 여러 번 고개를 끄덕였다. 기민이 형은 우리와 같은 학원에 다닌다. 학년은 달라도 날마다 보기 때문에 친하게 지내고 있다. 오늘은 기민이 형이 금 캐기 보드게임을 가져오기로 했다. 아빠가 보드게임 회사에 다니고

있어서 어지간한 보드게임은 거의 다 있다고 했다.

"심심한데 형 올 때까지 이거나 하자."

우성이가 가방에서 딱딱한 표지로 된 책을 꺼냈다.

"이거 매직아이라는 거야. 이 안에 그림이 숨어 있거든? 잘 봐야 해."

신기해서 이리저리 책장을 넘겨 보았다. 글씨는 없고 알록달록하고 어지러운 무늬만 잔뜩 있었다.

"일단 눈의 초점을 풀고 손가락을 눈 밑에 갖다 대 봐."

우성이가 시범을 보이는 대로 했다. 초점이 풀어지기는커녕 오히려 눈에 힘만 들어갔다. 얼마나 힘을 주었는지 눈알이 빠져나올 것만 같았다.

"아이, 바보같이!"

몇 번을 해도 잘 안 되자 우성이가 소리를 빽 질렀다.

"나 안 해."

나는 책을 내동댕이치고 일어났다.

"그게 아니라, 누가 보면 바보처럼 보이게, 힘을 더 많이 빼라는 말이지."

우성이 너무했다 싶었는지 목소리를 누그러뜨렸다. 하기야 말은 끝까지 들어봐야 한다. 우성이의 말은 못 알아들어서 바보가 아니라 실제 바보처럼 멍때리라는 뜻이었다. 오기가 생겨 다시 한번 도전해 보기로 했다.

게슴츠레 눈을 뜨고 보니 어느 순간 기적처럼 무늬 속에 숨어 있는 그림이 튀어나왔다. 오리가 둥둥 떠 있는 호수와 나무들이었다. 오리가 헤엄칠 때마다 물결이 흔들리고 바람이 불어 나무를 흔들었다. 입체 영화를 보는 것처럼 실감이 났다.

요령을 터득하고 나니 속도가 빨라졌다. 시간 가는 줄 모르고 보다가 순간 조용해서 고개를 돌렸다. 옆에 있는 줄 알았던 우성이가 보이지 않았다. 운동장을 가로질러 화장실에라도 간 모양이었다.

　우성이는 요즘 변비에 걸렸다. 며칠째 똥을 누지 못해 배가 아프다고 했다. 오늘도 누렇게 뜬 얼굴로 배를 만지며 나타났었다. 잔뜩 힘을 주느라 얼굴이 빨개진 우성이의 모습이 저절로 떠올랐다. 터지기 직전의 풍선 같은 배를 생각하니 낄낄 웃음이 나왔다.

　만약 그게 한방에 터져 버린다면 어떻게 될까? 그걸 상상하니 매직아이고 뭐고 눈에 들어오지 않았다.

　과연 어떻게 될까 하고 화장실 쪽을 보았다. 하지만 어찌된 일인지 한참이 지나도 우성은 오지 않았다.

　어느새 3시 10분이었다. 곧 학원 차가 올 시간이었다.

　책을 내팽개쳐 두고 우성이를 찾으러 나섰다. 화장실에도 뒤뜰에도 없었다. 두고 온 물건이나 문제집을 찾으러 혹시 교실에 갔을지도 몰라 부리나케 계단을 뛰어올라갔다. 하지만 교실 문은 꽁꽁 잠겨 있었다. 어디선가 나를 놀려먹기 위해 숨어서 지켜보며 고소해할지도 모를 일이었다.

　그런 생각이 들자 화난 두꺼비처럼 약이 바짝 올랐다.

다시 잠긴 문 안쪽을 샅샅이 살펴보았지만 개미 한 마리도 얼씬거리지 않았다.

일단 후문으로 향했다. 원래 나는 후문을 잘 이용하지 않는다. 학원과 반대 방향인데다 문구점이나 게임방 같은 것도 없어 갈 일이 드물었다.

그래도 몰라 두리번거리는데 길 건너 버스 정류장에 낯익은 모습이 보였다. 우성이었다. 고개를 숙이고 뭔가를 열심히 들여다보고 있었다. 그 옆에 기민이 형이 딱 붙어 앉아 있는 게 아닌가. 나만 따돌리고 둘이서 무슨 꿍꿍이를 벌이는 게 틀림없었다.

"야, 김우성! 너 거기서 뭐 해?"

나는 고래고래 소리를 지르며 쫓아갔다. 아니나 다를까. 우성이는 나를 보자마자 냅다 줄행랑을 치기 시작했다. 티지기 직전의 풍선같이 뭉그적거리던 우성이는 갑자기 탄력 좋은 고무공이 되어 튀어 나갔다.

"야, 거기 서! 안 서?"

길을 건너려는데 신호등이 바뀌고 차들이 쌩쌩 지나갔다.

건널목에서 서 있는 사이 우성이 골목으로 자취를 감췄다. 발을 동동 구르고 있는데 기민이 형이 달려왔다.

"이은우, 뭐 때문에 그래?"

"나랑 같이 형을 만나기로 해 놓고 저 혼자만 말도 없이 사라졌단 말이야. 우성이가 무슨 말 한 거 없어?"

"자기한테만 금 캐기 보드게임 달라던데? 넌 필요 없다 했다며?"

"뭐? 그렇게 얘기했단 말이야? 완전 사기꾼이네!"

"걔가 뺑친 거야?"

씩씩거리며 그렇다고 대답하자 기민이 형이 대강 눈치를 챈 듯 둘이 알아서 하라며 돌아섰다.

신호가 바뀌자마자 일단 뛰어 우성이가 사라진 골목 끝에서 왼편으로 꺾었다. 계속 가면 다시 우리 학교가 나온다. 우성이는 우회로를 따라 학교 쪽으로 돌아가려고 했을 것이다. 그러면 그렇지, 저만치 우성이가 마주 오는 사람을 피하려고 주춤거리는 사이 달려가 뒷덜미를 낚아챘다.

"아, 아아아!"

우성이가 넘어질 듯 말 듯 하더니 바로 옆에 있는 나무를 간신히 붙잡고 섰다. 내가 골목 끝에서 설마 왼편으로 정확히 예측하고 쫓아오리라고는 생각하지 못했을 것이다. 너무 화가 나서 우성이 목덜미를 움켜쥐고 힘껏 잡아당겼다.

"아, 아파. 그만해."

"나를 따돌리고 혼자 차지하려고?"

"아니야."

"아니긴 뭐가 아니야? 또 뭔 수작을 부리려고!"

내가 있는 대로 화를 내며 소리치자 우성이는 더 이상 말을 못 했다.

"너랑 다신 안 놀아. 이 배신자."

"그럼 우리 절교하는 거야?"

우성이 눈을 동그랗게 뜨고 약간 애원하듯 말했다.

"그래. 너랑 안 놀아. 영원히."

더는 말을 섞기 싫어 손을 털고 씩씩거리며 걸어갔다.

"오늘 학원 끝나고 너랑 같이 하려고 했어. 어차피 같이 할 건데 누가 받든 상관없지 않아?"

꽁무니를 따라붙으며 세상 슬픈 목소리로 말했다. 천사의 탈을 쓴 악마가 얼굴 뒤에 있는데도 그 순간 마음이 약해지려고 했다.

"기민이 형이 나더러 은우 종이래."

"왜?"

못 들은 척해야 하는데 나도 모르게 돌아봤다.

"그야, 은우와 우성이 한 몸과 같은 우정의 단짝이고, 나는 은우의 말을 잘 들어주는 종이라는 뜻이기도 하지. 그만큼 내가 너한테 잘한다는 뜻 아니고 뭐겠어?"

"헐! 뭐?"

역시나, 말문이 탁 막혔다. 우성이가 살짝 눈치를 보더니 침을 꿀꺽 삼키고 말을 이었다.

"너한테 말 안 하고 기민이 형한테 간 건, 다 너를 위해서였어. 보드게임보다는 네 눈이 더 소중하잖아. 네 눈이 내 눈이고 내 눈이 네 눈이지. 우리는 한 몸이니까 말야. 매직아이 책 너 줄 테니까 집에 가서 틈나는 대로 봐. 시력이 무지 좋아질 거야. 그럼 이 친구의 마음까지 볼 수 있을지도 모르지.

헤헤."

"정말?"

오늘 한 짓은 얄밉지만 진짜 나를 생각해 주는 친구는 우성이밖에 없단 생각이 들었다. 우성이가 내 어깨에 자기 팔을 얹었다. 어느새 미운 마음이 눈 녹듯 사르르 녹아내렸다.

"똥은 잘 쌌어?"

나는 풍선을 생각하며 우성이 배를 슬쩍 만져 보았다. 어쩐지 홀쭉한 게 내 일처럼 시원했다. 우성이 대답 대신 엉덩이를 뒤로 빼다가 로켓 발사를 하듯 앞으로 튀어 나가며 만세를 불렀다.

"빨리 가자. 학원 차 곧 오겠다."

버스 정류장에 도착하니 기민이 형이 먼저 와 있었다. 나를 보더니 야릇한 표정을 지었다. 우성이가 눈을 끔벅거렸다. 둘이 무슨 신호를 주고받는 눈치다.

'뭐지?'

가만 생각해 보니 우성이는 나한테 술술 비결을 써먹었다. 나는 그걸 알고도 또 당하다니, 이론과 실제는 이렇게 다르다.

'진짜로 절교다.'

나는 입 모양으로만 그렇게 말했다.

이런
배신자

며칠 후 우성이가 고민에 빠진 얼굴을 하고 벤치에 앉아 있었다. 지난번 보드게임 때문에 티격태격한 뒤로 한동안 본체만체했다. 우성이가 기민이 형을 속여서 금 캐기 보드게임을 혼자 가져갔고, 그걸 자랑 삼아 한 말을 같은 모둠인 도형이가 듣고 알려 줬기 때문이다.

"이런 배신자, 친구끼리 어떻게 그럴 수가 있어? 그래 놓고 뭐 나를 위해서 그랬다고? 터진 입이라고 말은 잘한다."

 그 말을 듣자마자 달려가서 따졌었다. 처음에는 이 핑계 저 핑계 대며 피했다. 그러다 콧김을 씩씩 내뿜으며 따지자 결국 사과했다. 자기는 배신자라는 말이 세상에서 제일 싫다며 다시는 그런 말을 하지 말라고 했다. 결국 양보해서 일주일씩 번갈아 가며 갖기로 했다.
 "툭."

우성이 손에서 뭔가 떨어졌다. 데굴데굴 굴러가더니 저만치 가서 멈췄다. 오백 원짜리 동전이었다. 우성이 얼른 주워 흙을 불었다.

"이은우, 병아리가 먼저야, 알이 먼저야?"

뜬금없이 물었다. 대답 대신 멀뚱하니 보고만 있자 우성이가 입맛을 쩝, 다시고 나서 말했다.

"내가 지금 그런 상황에 놓였어."

"뭔데?"

"이번 주말에 수호 생일 파티가 있거든? 근데 아빠가 야구 경기 티켓을 얻었다며 같이 보러 가재. 하필 내가 태어날 때

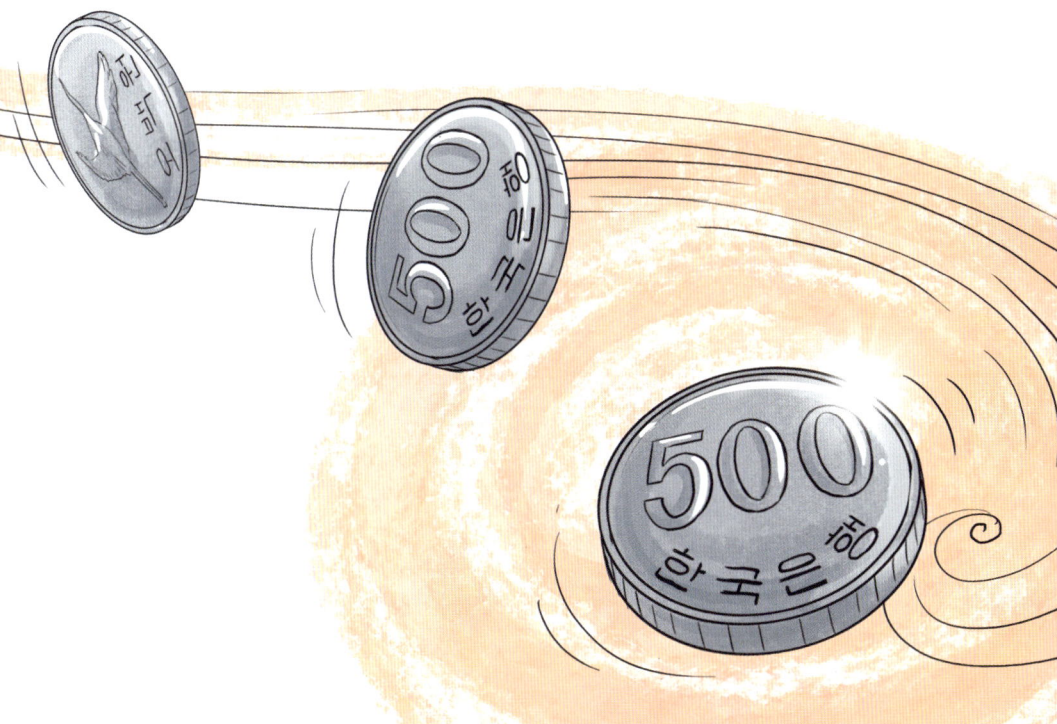

부터 좋아했던 엔젤돌핀스야."

우성이가 고개를 비스듬히 틀고 답답하다는 표정으로 말했다.

"뭐 어쨌든 둘 다 좋은 일이긴 하네. 그래서 동전으로 결정하려고?"

"응. 너라면 어떻게 할 거야?"

"야구냐, 파티냐…… 아, 좀 생각해 봐야겠는걸?"

어느 한쪽을 선택해도 후회는 남을 것이었다. 애매했다.

"이러면 어때? 수호 생일을 하루 당기든가 늦추면."

"싱겁긴. 벌써 파티 장소도 예약했대."

하긴, 이미 초대장을 받았으니까 하는 얘기겠다.

"할 수 없다. 적당히 둘러대야지. 할머니 병문안 간다는 핑계를 댈까?"

이미 우성이 생각은 야구 쪽으로 기울어진 듯했다. 수호가 알면 말도 못하게 서운하겠다. 그냥 사실대로 말하는 게 더 낫지 않을까? 비밀은 언젠가 드러나기 마련이니까.

"그러지 말고 수호 데리고 야구장 가라."

"어?"

우성이가 좋은 아이디어라는 듯 눈을 빛냈다. 하지만 수호가 초대한 친구들도 문제다. 그때 현규가 부리나케 우리 쪽으로 뛰어왔다. 무슨 할 말이라도 있는 얼굴이었다. 오자마자 불쑥 책을 들이밀고 표지를 넘겼다.

"이은우! 왜 여기에 네 이름이 있어?"

갑작스럽게 현규가 묻자 말문이 턱 막혔다. 분명 내 책이 맞다. 벼룩시장 할 때 우성이가 현규한테 팔아 주겠다던 그 책, 의사가 된 삼촌이 어렸을 때 즐겨 읽던 책이라느니 뭐라느니 허풍을 떨어서 사게 만들었던 그 책이었다. 까맣게 잊고 있었는데 하필 내 이름이 거기 박혀 있을 줄이야. 글씨가 작아서 금방 보이지는 않지만 누가 봐도 내 이름이 분명했다. 하여간 뜨끔했다.

"나도 대강 책을 넘겨서 글씨는 나중에 발견했어. 왜 네 이름이 여기 있냐고?"

"그, 글쎄······."

현규가 다그치는데 마땅한 대답이 떠오르지 않았다. 이제

라도 솔직하게 털어놓을까? 그렇게 하라고 시킨 건 아니지만, 보고만 있었던 나한테도 책임은 있었다. 일이 이렇게 될 줄 미리 알았더라면 그때 마땅히 솔직하게 말했을 것이다. 하지만 이미 물은 엎질러졌다. 우물쭈물 마땅한 말을 못 하고, 손은 어디다 둘지 몰라 괜히 머리만 긁적였다. 거짓말은 눈으로도 손으로도 심지어는 코나 귀로도 드러나게 마련이다. 코가 길어지거나 귀가 빨개지는 사람도 있으니까. 머뭇거리는데 우성이가 눈치 빠르게 나섰다.

"그게 어떻게 된 거냐면…… 거기 은우 이름이 있지만 은우 책은 아니야."

'뭔 소리래?'

귀를 의심했다. 이어지는 우성이의 말은 더 가관이었다.

"작가들이 자기 책에다 사인해 주는 거 봤거든? 그래서 나도 한번 폼 잡고 흉내 내 본 거야. 내가 쓴 책은 아니지만 은우한테 주는 거니까."

"근데 왜 은우 안 주고 나한테 팔았어?"

"이름을 쓰고 나서 생각해 보니까 필요 없겠더라고? 너도 알다시피 은우는 책하고 친하지 않잖아. 누구한테 주면 좋을까 하다 너한테 판 거야. 이제 오해가 풀렸지?"

눈 하나 깜짝하지 않고 거짓말을 술술 했다. 현규도 우성이 말을 믿는 듯 고개를 끄덕였다.

'와, 김우성 대단하다.'

어떻게 그렇게 순간적으로 돌려서 말할 수 있는지, 임기응변에 혀를 내둘렀다.

"한 가지만 확인할게. 삼촌이 본 책은 확실하지?"

현규가 꾹꾹 힘주어 말했다.

"그야 당연하지."

자기만 믿으라는 듯 가슴을 툭툭 쳐 보였다. 부끄러움은 왜 내 몫인지 모르겠다. 우성이는 거들먹거리는 수컷 오랑우탄처럼 자신만만한데 나는 현규에게 미안해서 똑바로 쳐다보지도 못했다.

나는 원래 거짓말을 좋아하지 않는다. 거짓말을 할 줄도 모르지만, 거짓말을 덮기 위해서는 더 큰 거짓말을 해야 하기 때문이다. 우성이라고 다를 바 없다. 거짓말을 그럴싸하게 했지만 아무래도 마음이 편할 리는 없을 것이다. 물론 거짓말이 거짓말을 낳다 보면 불편한 마음 또한 조금씩 옅어지기는 할 것이다. 중요한 건, 다른 사람을 속일 수는 있어도 나를 속일 순 없다는 사실이다. 나도 방금 전에 깨달았다.

그동안 우성이에게 술술 말 잘하는 비결을 전수 받고 효과를 본 건 맞다. 없던 자신감도 생기고 뭐라도 되는 것 같은 기분이 들었다. 그렇다 해도 거짓말을 계속해도 되는 건 아닐 것이다. 지금 잠깐 모면하려고 한 거짓말은 결국 눈덩이처럼 불어날 수밖에 없다. 나는 혼란한 머리를 휘저으며 정신을 차리기로 했다. 나중에 후회하지 않으려면 지금 결단해야 한다.

"사실은, 현규야……."

좋은 일이라면 빨리 저지를수록 좋다.

"이 책, 우성이 거 아니고, 사실은 내 거야."

"야, 이은우!"

우성이가 미처 예상하지 못했다는 듯 당황한 얼굴로 소리쳤다.

"그럼 내가 뭐가 되냐? 널 위해서 한 일인데, 의리 없게 이러기야?"

"맞는 말이야. 하지만…… 앞으로 현규 볼 때마다 마음이 불편하겠지? 솔직하게 말하고 사과하면 받아주지 않을까?"

우성이가 아니라 현규 들으라고 하는 말이다.

"뭔 소리야?"

현규가 어리둥절한 표정을 지었다. 나는 숨을 짧게 토해 낸 뒤 그날 벌어진 일에 대해 털어놓았다. 현규가 어이없다는 표정으로 고개를 흔들었다.

"나쁜 뜻은 없었어. 미안해."

"나도 미안해. 삼촌 이야기는 반은 맞고 반은 아니야."

내가 먼저 사과하자 우성이도 뾰로통한 표정을 바꾸고 사과했다. 이제는 어쩔 도리가 없다는 듯한 얼굴이었다.

"알았어. 없었던 일로 하지는 못하겠지만 이번 한 번은 봐줄게. 대신 돈은 돌려줘."

"돈?"

현규가 무슨 말을 해도 받아들일 준비를 하고 있었다. 하지만 막상 돈 얘기가 나오니까 엉덩이에 불이 붙은 듯 화들짝 놀랐다. 아직 용타한테 빌린 돈의 절반도 못 갚았는데 큰일이다. 하지만 잘못한 게 있으니 아무 소리도 못 하고 고개를 끄덕였다. 우성이는 돈을 물어내지 않아도 되니 나보다는 걱정이 덜할 것이다. 이럴 줄 알았으면 책을 팔지 않았을 텐데. 속이 부글부글 끓어 빵 터지려고 했다. 입에서 더운 김이 팍팍 나왔다.

현규가 가 버리자 우리 둘은 티격태격했다.

"너 때문이야!"

"그게 왜 나 때문이야? 너도 같이한 일 아니야?"

우성이가 또 발끈했다.

말보다
마음

 끙끙거리며 수학 문제를 풀었더니 머리가 뜨거웠다. 숫자들이 그물에 둘러싸인 멸치 떼처럼 팔딱거려 정신이 아찔했다. 배도 고프고 열도 식힐 겸 뒤꿈치를 들고 조심조심 거실로 가서 냉장고를 열었다. 잘 익은 복숭아가 눈에 들어왔다. 막 한 입 베어 먹는데 안방 문이 벌컥 열렸다. 엄마였다.
 "엉덩이 딱 붙이고 공부 좀 하라 했더니, 그 참에 또 나와?"

이제 겨우 한 번인데 몰아세우니 억울하기 짝이 없었다. 그놈의 공부는 어쩐 일인지 하라고 하면 더 안 하고 싶어진다. 공부 좀 그만하고 나가서 놀다 오라는 말을 듣는 날이 있을까? 그런 날이 과연 있기나 할까? 그런 말을 들으면 오히려 공부가 하고 싶어서 놀러가다 다시 돌아올지도 모른다. 뭐든 하라고 하면 안 하고 싶으니까.

"이은우! 잠깐 얘기 좀 해."

엄마가 뒷덜미를 잡아당겼다. 어째 불길한 예감이 들었지만 어기적어기적 안방으로 끌려갈 수밖에 없었다.

"방금 이모랑 통화했어. 사실이야?"

"……."

"용타한테 돈 빌린 거 맞냐고?"

시침 뚝 떼고 있는데 다시 다그쳤다. 내답을 못 하고 고개를 푹 숙였다. 용타한테 비밀로 해 달라고 신신당부를 했는데 일러바친 모양이었다.

"엄말 속일 생각 꿈에도 하지 마."

엄마가 조금 높아진 소리로 말했다.

"그, 그게……."

어떤 핑계를 댈까 요리조리 궁리하는데 도무지 생각이 떠오르지 않았다. 입술이 바짝 타들어 갔다.

"엄마가 지금 꾹 참고 있는 거 안 보여?"

"보여."

입안에 조금 남아 있던 복숭아 조각을 넘기며 간신히 대답했다. 달콤하고 부드러운 복숭아는 어디로 가고 한 조각 쓰디쓴 이물질이 목에 걸린 기분이었다.

'할 수 없다.'

나는 즉각 용서를 빌기로 마음먹었다. 예전 같으면 우성이한테 전수 받은 술술 비결을 시도했을 것이다. 하지만 이제 나는 안다. 우선 급한 불은 끌 수 있을지 모르지만 불씨마저 없앨 수는 없다는 것을, 당장은 불이 꺼진 것 같지만 언제든 다시 살아날 불씨를 생각하면 두 발 쭉 뻗고 잠도 편하게 자지 못하고 시원하게 똥도 쌀 수 없다는 사실을, 그럴듯한 말보다는 서투르지만 솔직하게 말하는 게 더 낫다는 것을, 현규를 통해 깨닫게 되었다 할까.

"그게요, 엄마, 어떻게든 제 힘으로 해결하려고 했거든요."

"왜 갑자기 존댓말을 해? 그런다고 엄마가 봐줄 것 같아? 할 일이 없어서 동생 꼬드겨 돼지저금통에 손을 대?"

"금방 갚을 거니까 걱정 마세요."

"애걔걔, 네가 무슨 수로 갚아? 그런 일이 있으면 할머니한테 말씀드리든가 아니면 엄마한테 말해야지, 엄마는 폼으로 뒀어? 이모가 어떻게 생각하겠어."

"엄마가 사고 치면 용돈 안 올려 준다고 해서…… 그리고 꼬드긴 적 없어요. 술술을 써먹었을 뿐……."

"뭐, 술? 술을 먹었다고?"

엄마가 놀란 표정으로 봤다. 하긴 술술을 엄마가 알 리 없다. 우성이 때문에 머릿속이 술술로 가득 차서 저절로 술술 소리가 튀어나왔다. 엄마는 이제 하다하다 용타와 술까지 먹는 줄 알았는지 길길이 날뛰면서 나를 붙잡고 내 입을 양손으로 벌리며 코를 킁킁댔다. 나는 엄청나게 김을 뿜는 엄마의 콧구멍을 향해 소리 질렀다.

"아아아, 아파!"

그 바람에 엄마와 나는 함께 나뒹굴었다. 나는 엄마를 겨우 진정시키고 술술 말 잘하는 비결에 대해 조목조목 차근차근 털어놓았다. 말을 잘하려고 한 건 아니고 엄마의 화를 풀려면 아주 상세한 배경이 필요했다.

"세상에나! 우성이한테 술인지 술술인지 비결을 배웠다고? 그래서 엄마랑 용타를 이용해 먹는 데 썼던 거야?"

"속이려는 건 아니고."

"으이구, 그 머리를 공부하는 데 쓰면 오죽 좋아."

"그것도 세상 공부 아니에요?"

"뭐가 어쩌고 어째?"

엄마는 또 레슬링 선수처럼 달려들었다. 학교에서, 학원에서 책을 보고 문제를 푸는 것만이 공부는 아니다. 공자님은 사람 세 명이 걸어가면 그중 한 명은 선생님이라고 했다. 텔레비전에서 얼핏 들은 소리지만, 그러니까 공부는 세상 어디서든 할 수 있다는 얘기다.

만약 우성이와 용타와 내가 걸어간다면 그중 누가 선생님일까? 우성이가 선생님이라면 나는 무엇을 배울 수 있을까?

술술 비결을 알려 줄 때 우성이는 선생님 같았지만 막상 현실은 그렇게 말대로 돌아가지 않았다. 어쩌면 우성이는 반면교사인지 모른다. 저런 공부는 별로 도움이 안 된다는 것을 보여 주니까 말이다. 어쨌든 반면교사도 교사인 셈이다.

"하지만 이제 술술 비결 따위는 잊기로 했어요."

나는 단호하게 말했다.

"왜?"

"처음엔 할머니한테 말하려고 했어요. 그런데 말 못 했어. 우리 돌봐주시느라 힘든데 돈까지 달라는 말을 할 수가 없잖아. 그래서 용타한테 빌린 거라고."

갑자기 존댓말을 쓰려니 입에도 안 붙고 어색해서 도로 반말이 나왔다.

"아주, 효자 났네."

엄마가 혀를 끌끌 차며 말했다.

"이모가 어떻게 알았대?"

"용타 책상 정리하다 저금통이 찌그러져 있는 걸 봤대. 들여다보니 지폐가 비더래. 용타한테 물어보니 처음에는 비밀이라고 하다가 결국은 털어놓았대. 확인하려고 이모가 엄마한테 전화한 거야. 비밀로 할 게 따로 있지. 결국 그 돈을 누가 물어 줘야 해?"

다행히 아까보다는 표정이 누그러져 있었다. 엄마의 그 질문은 결국 엄마가 돈을 물어 준다는 뜻이기도 했다. 겉으로는 걱정스러운 표정을 지었지만 한결 마음이 놓였다. 내가 아는 엄마는 시원시원하고 뒤끝이 없는 성격이었다. 화를 낼 때는 무섭지만 얼마 안 가 풀어진다.

"엄마, 걱정하게 해서 미안해요. 사과할게요."

딱히 그러자고 한 건 아니지만 내 마음이 먼저 엄마에게 손을 내밀었다. 평소에 잘 쓰는 말이 아닌데 나도 모르게 술술 나왔다. 그렇게 말하려고 작정한 것이 아니지만 마음을 먹으면 저절로 말이 나오게 된다. 술술 비결 따위를 쓰려고 머리를 쥐어짜서 마음에 없는 말을 지어낼 때는 똥을 싸고 뒤처리를 안 한 것처럼 무언가 불편했다. 그 마음과는 천지 차이였다.

"그래그래, 알았어. 우리 아들, 근데 왜 술술은 안 하기로 바뀌었을까요?"

엄마가 궁둥이를 톡톡 치면서 반쯤 녹은 쌍쌍바처럼 부드럽고 달달하게 물었다.

"거짓말은 아니지만 속이는 느낌이 들어서 그래."

술술 터진 입으로 말해서 순간을 피하고 괴로워하는 것보다, 솔솔, 솔직하게 말하고 마음 편한 쪽으로 가는 게 나았다.

엄마는 그런 나를 끌어당겨 안아 주었다. 엊그제 현규랑 있었던 일은 말하지 않았다. 엄마는 내가 그 책을 갖고 간 줄도 모르고 있었다.

"그래도 약속은 약속이니까 당분간 용돈은 안 올려 줄 거야. 알았지?"

엄마 표정이 다 빨아 먹고 난 쌍쌍바 막대기처럼 차가운 현실을 드러냈다. 엄마는 역시 엄마다. 아쉽지만 조를 상황이 아니었다.

한바탕 소동이 끝났다. 방바닥에 큰대자로 누웠다. 돈 때문에 머리가 무거웠는데 홀가분했다. 손과 발을 쭉 뻗어 보

았다. 내가 문득 전보다 더 커졌다는 생각이 들었다. 나는 한 마리 솔개처럼 날개를 활짝 펴고 하늘을 날았다.

얼마나 지났을까. 문득 거실에서 두런두런 얘기하는 소리가 들려왔다. 엄마가 누군가와 통화를 하고 있었다.

"애가 속이 깊다니까. 글쎄 할머니한테 폐 끼치고 싶지 않아서 내색도 안 하고 용타한테 빌렸다고 하잖아? 용타도 참 용타! 대단해. 다른 애들 같으면 벌써 일러바쳤을 텐데, 형이라고 감싸 주는 거 보면 말이야. 네가 자식 교육 하나는 참 잘 시켰어. 호호……그래, 맞아, 맞아! 나도 잘 시켰지. 애들

은 무조건 오냐, 오냐 하면 안 돼. 유리창 값은 내일 주겠지만 그만큼 집안일을 더 시킬 거야."

마음은 마음을 움직인다.

마음은 말보다 빠른 것 같다.

| 글쓴이의 말 |

마음을
헤아리는
말

어렸을 때 말하기보다 듣기를 좋아했어요. 동네 꼭대기 오막살이에 사는 봉골 할머니가 들려주는 몽달귀신 이야기를 들으며 상상력을 키웠지요. 하지만 자라면서 점점 말을 많이 하게 되었어요. 말을 많이 하다 보니 그만큼 하지 말아야 할 말도 많아지고, 돌아서서 후회할 말도 많아졌어요. 무심코 뱉은 말이 상대방에게 상처를 주는 경우도 있었고요. 그런 일이 벌어지지 않으려면 말을 줄이거나 벽을 보고 혼잣말을 해야겠지만 함께 사는 세상에서는 불가능한 일이지요.

우리는 말로 원하는 것을 얻기도 하고, 서로 대화하며 생각과 감정을 나눠요. 또 말 한마디 때문에 사이좋은 친구와 멀어질 수도 있고, 좋은 기회를 놓칠 수도 있어요. 말로 천 냥 빚을 갚는다지만 말로 만 냥 빚을 진다고도 해요. 세 치 혀가 사람 잡는다는데, 그렇다면 세 치 혀가 사람을 살릴 수도 있겠지요? 세상에 말이 생긴 뒤로 사람들은 말만큼이나 수많은 이야기들을 만들어 냈어요.

탈무드에 이런 이야기가 있어요.

선생님이 제자에게 시장에 가서 값이 비싸도 좋으니 맛있는 걸 사 오라고 했어요. 제자는 동물의 혀를 사 왔어요. 소나 돼지, 양의 혀는 옛날부터 식재료로 쓰였거든요. 선생님은 또 제자에게 값이 싼 걸 사 오라고 해요. 제자는 이번에도 혀를 사 와요.

"비싼 것도 혀고, 싼 것도 혀라고?"

"좋고 맛있는 것으로 혀만 한 것이 없고, 나쁘고 맛없는 것으로도 혀만 한 것이 없기 때문이지요."

선생님은 제자의 현명한 대답에 빙그레 미소를 지었겠지요. 달콤한 말도 혀가 있어야 하고, 쓰고 매운 말도 혀가 있어야 가능하니까요.

사람마다 혀를 한 개씩 가지고 있어요. 혀를 입천장에 붙이고 말을 해 보세요. 잘 되지 않지요?

또 혀를 입 밖으로 쭉 빼고 말을 해 보세요. 역시 잘 되지 않지요? 부드러운 혀는 말할 때마다 이와 이 사이에서 부지런히 움직여 말을 만들어 내요.

자, 어떻게 하면 말을 잘할 수 있을까요?

우성이는 상대방을 기분 나쁘지 않게 하면서도 원하는 것을 얻어 내요. 심지어 하얀 거짓말은 해도 괜찮다고 생각하고요. 하지만 은우는 내키는 대로 마음 가는 대로 툭툭 내뱉는 아이랍니다. 우여곡절 끝에 말 잘하는 비결을 전수 받고 실행에 옮기지만 결국은 화려한 말솜씨나 그럴듯하게 꾸며 내는 것만이 전부가 아니라는 걸 깨닫게 됩니다.

사실 혀는 죄가 없어요. 중요한 건 혀를 움직이게 하는 생각이고 마음이니까요. 생각 없는 말은 동물원을 뛰쳐나온 얼룩말처럼 좌충우돌 문제를 일으켜요. 마음 없이 기름기만 번지르르한 말은 다른 사람의 마음을 움직일 수 없어요.

말은 내 마음을 표현할 뿐만 아니라 상대방의 마음을 헤아려 내 마음을 진실하게 전달하는 도구니까요.

말 잘하는 비결은 무엇일까요? 말이 너무 많으면 주워 담고 싶은 말도 그만큼 많아지고, 꼭 해야 할 말을 제때 하지 않으면 뒤돌아서서 후회하게 되지요. 내가 말하기에 앞서 상대방이 하는 말을 먼저 잘 들어 보면 저절로 말에 담긴 마음을 헤아리게 됩니다. 그러면 굳이 말을 잘하려고 하지 않아도 마음과 마음이 통해서 말은 저절로 찰떡처럼 달라붙게 된답니다.

2024년 여름
정복현

술술 말 잘하는 비결

ⓒ 정복현·송진욱, 2024

초판 1쇄 발행 2024년 6월 25일

지은이 정복현
그린이 송진욱

펴낸이 김혜선
펴낸곳 서유재 등록 제2015-000217호
주소 (우)04034 서울 마포구 잔다리로7길 18(서교동 377-20) 504호
전화 070-5135-1866 | 팩스 0505-116-1866
대표메일 outdoorlamp@hanmail.net

종이 엔페이퍼
인쇄 성광인쇄

ISBN 979-11-89034-83-2 73810

이 책은 저작권법에 따라 보호받는 저작물이므로 무단전재와 무단복제를 금합니다.
잘못 만든 책은 구입하신 서점에서 바꾸어 드립니다.
책값은 뒤표지에 있습니다.

★ 어린이 안전 특별법에 의한 제품 표시
① 품명: 도서 ② 제조자명: 서유재 ③ 주소: 서울 마포구 잔다리로 7길 18
④ 연락처: 070-5135-1866 ⑤ 최초 제조년월: 2024년 6월 ⑥ 제조국: 대한민국 ⑦ 사용연령: 8세 이상